LES
ATTRIBUTIONS DE L'ÉTAT

LES LANGUES MORTES

ET

L'ÉVOLUTION ÉCONOMIQUE

PAR

L. CASTANIER

AVOCAT

PARIS

LIBRAIRIE GUILLAUMIN ET Cⁱᵉ

Éditeurs de la Collection des principaux Économistes, du Journal des Économistes,
du Dictionnaire d'Économie politique,
du Dictionnaire universel du Commerce et de la Navigation.
Rue Richelieu, 14

1893

LES ATTRIBUTIONS DE L'ÉTAT

LES LANGUES MORTES ET L'ÉVOLUTION ÉCONOMIQUE

IMPRIMERIE DE SAINT-DENIS. — H. BOUILLANT, 20, RUE DE PARIS

LES

ATTRIBUTIONS DE L'ÉTAT

LES LANGUES MORTES

ET

L'ÉVOLUTION ÉCONOMIQUE

PAR

L. CASTANIER

AVOCAT

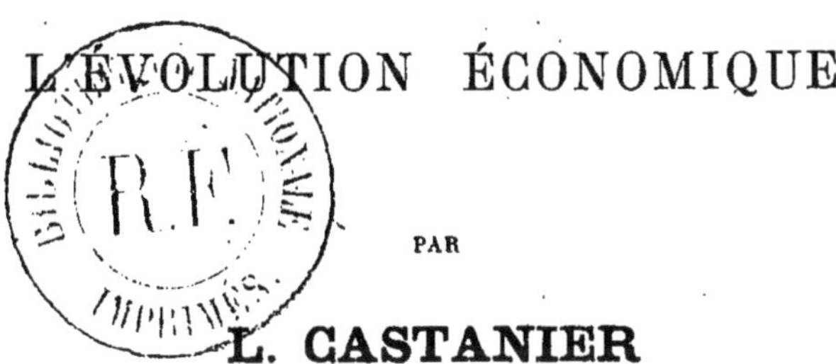

———— ✳ ————

PARIS

LIBRAIRIE GUILLAUMIN ET Cⁱᵉ

Éditeurs de la Collection des principaux Économistes, du Journa des Économistes
du Dictionnaire d'Économie politique,
du Dictionnaire universel du Commerce et de la Navigation.

Rue Richelieu, 14

—

1893

I

LES ATTRIBUTIONS DE L'ÉTAT

Les Attributions de l'État.

Nous traversons une époque périlleuse ; les facilités
de la vie qui se développent au temps présent, dans une
mesure et par des moyens inconnus dans le passé, font
de la Terre, pour les hommes, une résidence nouvelle
et inespérée, et nous donnent l'espoir du plus bel
avenir, dont, malgré bien des phases sombres, le mouvement d'échange et de circulation actuel est peut-être
une première lueur, encore mêlée de grandes ombres,
comme une aube naissante.

Ce fait inattendu, en même temps qu'il témoigne de
notre extrême ignorance initiale et de la lenteur avec
laquelle elle se dissipe, puisqu'il a fallu si longtemps
pour que nous ayons pu trouver, par exemple, de bons
moyens de communication et de transport, atteste
clairement aussi l'incessant accroissement des forces
humaines par les inventions les plus secourables.

Un trait particulier peut nous donner, à la fois, une
rigoureuse défiance de nos appréciations mal étudiées
et aussi une confiance rassurante dans les destinées de

notre espèce ici-bas. Il y a de nombreux phénomènes de cet ordre, mais celui-ci est l'un des plus caractéristiques : les éclairs et les grondements du tonnerre ont dénoncé les forces électriques aux hommes dès les premiers jours de leur venue sur le globe, mais n'ont fait très longtemps que les glacer de terreur et d'appréhensions superstitieuses ; ce n'est qu'hier, vers la fin du siècle dernier, qu'a été trouvée la cause de si visibles effets, et déjà, pour nos travaux, avec le télégraphe, le téléphone, la lumière, les moteurs, et d'autres utilités, nous avons rencontré là, fort à propos, un collaborateur prodigieux dont l'action commence à peine.

Il ne serait pas juste de chercher, en se fondant sur certains diagnostics pessimistes, à établir une distinction entre le monde matériel et le monde moral. Entre autres faits, l'affaiblissement si grave, au temps présent, des idées d'esclavage et d'intolérance religieuse, marque au contraire que, dans une large mesure, ces deux mondes sont solidaires.

D'où peut donc provenir qu'en ce qui touche à l'État et aux administrations qui dépendent de lui, tout soit encore en retard parmi nous, comme l'attestent des guerres, des insurrections, des révolutions, des budgets et des dettes grandissant dans des proportions inquiétantes, enfin tant d'obstacles à un fonctionnement normal et tant de fléaux ? C'est particulièrement en économie, dans la science de l'utile, que doit se poser la question de cette grande différence entre le degré d'avancement des arts fondés sur les sciences proprement dites et celui des choses de la politique.

L'industrie contemporaine, dans son étonnante puissance, est sans cesse soutenue par les données rigoureuses de sciences précises, tandis qu'au contraire, jusqu'à ce jour, la politique s'est tenue dans des sentiers mal explorés et reconnus, et a trahi par de nombreux accidents son incertitude et l'absence de sûreté de ses voies. On dirait que l'impérieuse pensée de recherche de la certitude, qui a pénétré d'autres ordres de connaissances, n'a pas encore gagné celui-là.

C'est que tout en ce dernier point est bien plus complexe et obscur, que les choses y sont moins palpables, l'observation moins aisée, l'expérimentation à peu près impossible ; enfin, les conditions du vrai plus difficiles. Il faut compter aussi avec les intérêts engagés à la perpétuation des habitudes du passé, plus résistants ici qu'ailleurs à cause des obscurités particulières à la matière; intérêts de bonne foi, car un ancien a dit avec raison pour les cas ordinaires que les hommes croient volontiers ce qu'ils veulent.

Mais, en considérant la perfection ou, selon les cas, la perfectibilité inouïe des choses qui n'attendent de notre part que des combinaisons appropriées pour nous rendre les plus merveilleux services, on jugera légitime l'induction suivante : tôt ou tard seront trouvés et pratiqués des procédés de gouvernement moins

*

compliqués dans leurs moyens et moins incertains dans leurs effets que ceux mis en œuvre jusqu'à ce jour.

Ce serait donc, pour le présent, une recherche utile que celle dont les résultats tendraient à dégager les pouvoirs publics des complications nuisibles, pour alléger et simplifier leur action.

Il faut convenir que par ce temps d'illusions socialistes, une telle pensée se présente à un moment peu favorable pour être suivie dans la pratique de développements utiles ; mais, dans les mouvements sociaux, les systèmes les plus accrédités, non fondés sur la nature des choses, ne sont que des accidents, des faits transitoires, et, sous l'impression de lumières nouvelles, ces mouvements, par des oscillations insensibles ou soudaines, font un beau jour tomber ces systèmes dans la nuit du passé.

La simplification de l'action de l'autorité publique peut seule s'accorder avec le principe et donner des résultats.

En principe, le gouvernement n'a qu'une fonction essentielle : le maintien de la sécurité publique avec les soins de tutelle et de justice qui s'y rattachent.

Les particuliers, par eux-mêmes ou par des associations privées, peuvent se procurer toutes les autres utilités de la vie à moindres frais que par son action. Circonstance qui en dehors de toute autre amènera un jour les hommes à ne lui demander que le service que seul il peut rendre. Mais il serait bon de devancer le mouvement automatique du progrès pour recueillir au plus tôt ces résultats et pour éviter des corrections naturelles pleines de maux.

L'analyse économique pourra fournir ici quelque lumière. L'autorité publique ayant pour unique objet la production des services relatifs à la sécurité exerce son industrie comme tous les industriels, par l'échange qui est à la fois, pour elle comme pour eux, le but de ses fonctions.

Sur ce mot de but il ne faut pas se récrier, le terme est rigoureusement exact dans le sens économique seul en question ici ; ce qui n'empêche pas les autres mobiles, les plus excellents qu'on voudra supposer.

Cet échange se consomme par un antagonisme naturel entre les échangistes, qui produit le bien commun lorsqu'il n'y a pas d'exagération, et ce fait se produit pour celui qui reçoit le service si le prix en est raisonnable et modéré ; le fournisseur de son côté voit aussi se développer sa prospérité d'une manière durable.

Si le gouvernement, producteur comme les autres, a été avantagé jusqu'à ce jour du singulier privilège de peser si largement sur la nature et le prix de son travail, cela semble tenir plus particulièrement à l'inégalité persistante des deux parties. Pour arriver à exercer ses fonctions, l'autorité publique a dû fournir des preuves d'aptitude pour son personnel qui n'a pu entrer en fonctions sans posséder un mérite suffisant, et pour maintenir toutes choses il faut recruter sans cesse des individualités capables ; le personnel actuel est vite contraint de céder la place à un nouveau personnel plus méritant ou présumé tel. Au contraire l'autre échangiste, dont le rôle consiste surtout dans les soins quotidiens et les charges ordinaires de la vie, a jusqu'ici souvent négligé les conditions de l'échange ou n'a pu s'en occuper, il y a aussi des obscurités redoutables sur les devoirs et les droits du peuple et que met à profit son antagoniste, en sorte que les moyens : droits de suffrage, parlement et autres garanties encore si imparfaites, institués pour régler et pondérer le gouvernement, lui sont parfois d'une utilité précieuse pour le maintien ou même l'extension de ses avantages excessifs.

Malgré de fréquents retours en arrière, cette inégalité s'est affaiblie peu à peu dans le cours des âges, et il est à supposer qu'elle s'affaiblira bien plus encore dans l'avenir, à mesure que l'homme deviendra plus libre dans son action. Cette liberté, ce semble, est nécessaire pour révéler à l'individu toute sa valeur et pour parvenir enfin à l'ordre nouveau, qu'il faut attendre du progrès des idées [1].

L'un des meilleurs gages de ce progrès, l'accroissement des facultés et de la richesse parmi le grand

---

[1] G. DE MOLINARI, *La Morale Économique*, pp. 325 et s.

nombre, est certain et manifeste, commé on peut s'en convaincre aisément par les statistiques constatant la baisse de prix des marchandises de consommation générale, la hausse des salaires, la marche en avant si accentuée de l'industrie et du commerce, et d'autres nombreux signes.

Ce mouvement se développe à un point tel qu'on peut entrevoir aujourd'hui des temps que le passé ne pouvait faire espérer.

Oui, dans l'expansion actuelle de ses forces, qui est animée d'un mouvement progressif visible, l'individu ne supportera pas indéfiniment des perturbations économiques graves — guerres et autres, — qu'il trouvera les moyens d'empêcher. Sans contredit, comme dans le passé, les passions et les intérêts engagés dans le sens de la guerre feront tous leurs efforts pour parvenir à leurs fins, mais le jour viendra — de quelle longue acclamation il sera suivi! — où les passions et les intérêts engagés en sens contraire leur résisteront avec succès et resteront prédominants. Si des dénégations ou des doutes s'élèvent sur ce point, c'est que le fait ne paraît pas vraisemblable :

Le vrai peut quelquefois n'être pas vraisemblable.

On dit souvent — et si justement, au sujet de nos misères — que la Terre est une vallée de larmes! comment admettre qu'un ordre de choses inconnu, prodigieusement favorable aux sociétés civilisées, comme une paix solide, doive s'établir parmi nous un jour? Ainsi autrefois celui qui aurait annoncé la fin de l'esclavage aurait fait sourire, et pourtant, au temps où nous sommes, à la fin d'un siècle plein d'étonnements, nous devrions bien commencer à nous rendre compte de l'invraisemblable.

L'observation suivante sur notre nature imparfaite nous amène aussi à prévoir la réduction nécessaire des fonctions du pouvoir. Tout homme qui cherche à se connaître ne tarde pas à relever en lui des insuffisances et des lacunes qui, entre autres circonstances, l'obligent très étroitement à vivre en société par la division du travail et l'échange. Ce fait si gros de conséquences se décèle parfois dans nos affaires privées les plus importantes, à plus forte raison doit-il se produire dans les affaires impersonnelles de l'État, motif très grave pour lequel l'action de ce dernier doit être limitée au minimum possible. Car ce n'est pas trop de toutes les fines et subtiles ressources de l'intérêt privé partout où elles peuvent agir librement pour éliminer de telles causes de désordre.

Quels enviables résultats au point de vue économique seraient les fruits de cette organisation nouvelle!

Par ce moyen, les dépenses publiques seraient réduites grandement, avec les chances de vol, de coulage, de gaspillage et de frais nuisibles ou vains et improductifs auxquels elles sont exposées.

On n'aurait pas tant à craindre de déranger par des

combinaisons arbitraires et malheureuses, l'œuvre de la nature, qui est si parfaite. Dans l'ordre privé, ces entreprises nuisibles ne sont pas tant à appréhender, parce que les particuliers sont plus contenus par la crainte des fausses spéculations dont ils auraient à payer les risques de leurs propres fonds, tandis que les deniers de l'État ne sont jamais que ceux des contribuables, ce qui est bien différent.

La question de la sécurité étant ainsi dominante et même unique dans l'État, serait résolue d'une manière moins défectueuse.

On verrait enfin s'amortir et même cesser entre le peuple et le gouvernement un antagonisme excessif et funeste, d'autant plus à redouter que l'action de ce dernier s'étend sur un plus grand nombre d'objets étrangers à ses véritables attributions.

II

LES LANGUES MORTES

ET L'ÉVOLUTION ÉCONOMIQUE

II.

Les Langues mortes et l'Évolution économique.

Comme tant d'autres, j'ai fait du grec et du latin,
et même du droit romain; mais sur le terrain de la vie
pratique je n'ai pas tardé à comprendre, aidé en cela
par de nombreux exemples, que tout en conservant
pour les jurisconsultes de l'ancien temps la haute
estime que m'avait inspirée l'école, je devais m'atta-
cher uniquement aux choses contemporaines. J'étais
un peu humilié pourtant d'avoir passé de longues
heures de ma jeunesse à étudier en conscience un
ordre de connaissances si peu utile à la plupart d'entre
nous. Ce sentiment ne s'affaiblit pas en moi par le
temps écoulé; car, à mesure que je vois disparaître
rapidement des générations successives, je trouve
l'étude des langues mortes moins nécessaire et plus
fastidieuse pour les jeunes gens qui se destinent à la
vie commune; ce qui n'empêche pas ces travaux d'a-
voir leur raison d'être dans certains milieux spéciaux,
comme le Séminaire et l'École des Chartes.

Si ces impressions sont fondées, l'état présent de l'instruction publique est notablement défectueux et ne peut se continuer indéfiniment ainsi ; il est intéressant de rechercher d'où pourra venir le remède.

Bien différent en cela des espèces inférieures répandues sur la terre, le genre humain paraît gouverné comme l'individu par une loi d'évolution qui lui fait traverser successivement des phases d'enfance et de jeunesse, pour l'appeler ensuite à l'âge adulte et le conduire enfin à la pleine maturité et à ses heureux résultats. Si l'on compare un homme du temps présent avec son bisaïeul, combien ne trouve-t-on pas le nouveau venu mieux armé pour réduire le monde extérieur à son service et pour se défendre de ses nuisances? C'est que, de plus que son ascendant, il a reçu le bienfait des travaux et des découvertes précieuses de deux générations qui les séparent. On dirait, en faisant abstraction pour un instant des changements, survenus que c'est le même homme qui, par les ressources acquises, s'avance à travers les âges vers un état de possession plus complète de lui-même.

Quoique présentement les progrès soient quotidiens et visibles, cependant, selon les apparences, nos sociétés actuelles sont encore assez loin de cette maturité fructueuse ; parmi les nombreux témoignages de ce fait, on peut citer par exemple les facilités que

trouvent les gouvernements à établir à leurs frontières
des droits de douane protecteurs et même prohi-
bitifs.

Ce n'est pourtant pas sans un certain froissement
de mon amour-propre que j'ai vu cette opinion se for-
mer en moi, car elle réduit ma personne, quelles que
soient nos vives prétentions au progrès, à faire partie
d'une société encore bien attardée. Mais, d'autre
part, ce point de vue présente des compensations :
il fait trouver les prophètes de malheur moins
alarmants, en ce sens que, si les désastres qu'ils
annoncent se réalisent dans une mesure quelconque,
ce seront des corrections aux pratiques vicieuses
adoptées et non les commencements d'une voie de
décadence ; il modère l'esprit sceptique si naturel à
la réflexion superficielle, rend plus sensibles pour
le présent les réalités solides de notre civilisation,
et pour l'avenir ouvre les perspectives les plus mer-
veilleuses.

Si nos neveux du prochain siècle réalisent nos pré-
visions, le grec et le latin auront vécu dans l'enseigne-
ment public ordinaire; les langues vivantes, qui nous
offrent en général la même fonction éducatrice, avec
des combinaisons moins compliquées et l'avantage de
relations plus étroites avec les vivants, auront pris
leur place, à la grande satisfaction des enfants et de
leurs parents. Messieurs nos enfants auront d'autres
choses à faire et de plus utiles, que de s'occuper de

ces langues délaissées depuis longtemps par la raison des peuples, qui a trouvé mieux.

Les langues mortes auront été jugées alors non seulement inutiles, mais encore nuisibles comme formant obstruction aux notions nécessaires.

IMPRIMERIE DE SAINT-DENIS. — H. BOUILLANT, 20, RUE DE PARIS.